NOTICE

LE DICTIONNAIRE BIBLIOGRAPHIQUE

ARABE, PERSAN ET TURK,

DE HADJI-KHALFA,

ÉDITION DE M. GUSTAVE FLUEGEL,

LUE À LA SÉANCE GÉNÉRALE DE LA SOCIÉTÉ ASIATIQUE
DU 28 JUIN 1859,

PAR M. REINAUD,

MEMBRE DE L'INSTITUT,

PROFESSEUR D'ARABE, CONSERVATEUR DES MANUSCRITS ORIENTAUX
DE LA BIBLIOTHÈQUE IMPÉRIALE, ETC.

EXTRAIT N° 9 DE L'ANNÉE 1859

DU JOURNAL ASIATIQUE.

NOTICE

SUR

LE DICTIONNAIRE BIBLIOGRAPHIQUE

ARABE, PERSAN ET TURK,

DE HADJI-KHALFA.

C'est un fait reconnu de tous : la bibliographie est un auxiliaire indispensable de l'érudition. A mesure qu'une littérature se développe et que le nombre des livres se multiplie, comment serait-il possible, même à la personne la plus zélée, de connaître tout ce qui a été publié sur une matière quelconque? Les livres ne se trouvent pas sous votre main ; et fussent-ils à une courte distance, l'idée ne vous viendrait pas de vous mettre à la recherche d'un objet dont vous ignorez l'existence.

Chez les Grecs et les Romains le goût de l'instruction était fort répandu, et les hommes qui se piquaient de science ne négligeaient pas de se mettre au courant des publications qui avaient été faites avant eux. Mais dans les ouvrages qui nous sont venus d'eux à cet égard, les indications bibliographiques ne tiennent qu'une place secondaire, et il y est question de tous les sujets à la fois. Tels sont, par exemple, chez les Grecs du Bas-Empire, le Dictionnaire de Suidas et le livre de l'impératrice Eudoxie intitulé *Ionia*. Ailleurs, ce sont des extraits de certains ouvrages, sur lesquels un savant avait porté une attention particulière ; on peut citer en ce genre la Bibliothèque de Photius, recueil dans lequel le célèbre patriarche de Constantinople a fait connaître, au moyen d'un certain nombre de fragments, deux cent quatre-vingts ouvrages grecs, dont plusieurs ne nous sont point parvenus. Le Dictionnaire de Suidas et la Bibliothèque de Photius sont deux recueils de la plus haute importance; mais ils sont loin de remplir les conditions des livres qui circulent maintenant chez nous avec le cachet de la bibliographie.

Pour arriver à un véritable traité bibliographique, il faut passer dans l'Europe occidentale, et descendre jusqu'au xvi° siècle. La gloire de cette grande initiative appartient à un savant naturaliste de la Suisse, Conrad Gesner, surnommé *le Pline de l'Allemagne.* Gesner, homme d'une vaste érudition, essaya le premier de recueillir, dans un traité qu'il intitula du nom de *Bibliothèque,* les titres de tous les livres et de tous les écrits anciens et modernes qui étaient parvenus à sa connaissance, soit qu'ils existassent encore, soit qu'ils fussent perdus, soit qu'ils eussent été imprimés, soit qu'ils fussent restés manuscrits. Il embrassa dans son plan les livres hébreux, grecs, latins, arabes, en accompagnant quelquefois leurs titres d'un sommaire de leur contenu, d'un jugement quelconque et d'un spécimen. Dans une première partie, les écrits étaient classés par noms d'auteur et dans l'ordre alphabétique; les parties subséquentes reproduisirent les titres, disposés par ordre de matières. La première partie de la publication de Gesner parut à Zurich en 1545.

Cette première partie fut abrégée et augmentée par des compatriotes et des élèves de Gesner, et l'ouvrage fut réimprimé sous sa forme définitive en 1583, avec le titre : « Bi- « bliotheca instituta et collecta, primum a Conrado Gesnero, « deinde in epitomen redacta et novorum librorum acces- « sione locupletata, tertio recognita et in duplum post priores « editiones aucta, per Josiam Simlerum ; jam vero postremo « aliquot mille cum priorum tum novorum authorum opus- « culis amplificata, per Joannem Jacobum Frisium. » De plus, une remarque placée sur le frontispice, portait ces mots : « Habes hic, optime lector, catalogum locupletissimum om- « nium fere scriptorum a mundi initio ad hunc usque diem « extantium et non extantium, publicatorum et passim in « bibliothecis latitantium. Opus non bibliothecis tantum pu-

« blicis privatisve instituendis necessarium, sed studiosis om-
« nibus cujuscumque artis aut scientiæ ad studia melius for-
« manda utilissimum. »

L'entreprise de Gesner eut un grand retentissement en
Europe, et les imitateurs ne tardèrent pas à se présenter.
L'année qui suivit la dernière édition de l'abrégé de l'ouvrage de Gesner, il parut à Paris le premier volume d'un
recueil qui devait comprendre les livres français, italiens,
espagnols, c'est-à-dire les livres en langue vulgaire, que Gesner avait passés sous silence. Ce premier volume, qui est consacré aux livres français, et qui est appelé du nom de *Bibliothèque française*, porte le titre de « Catalogue général de
toute sorte d'auteurs qui ont écrit en français, depuis cinq
cents ans et plus, jusqu'aujourd'hui, avec un discours des
Vies des plus illustres entre les trois mille qui sont compris
en cet œuvre, ensemble un récit de leurs compositions, tant
imprimées qu'autrement. » L'auteur est Lacroix Dumaine,
homme riche et plein de zèle, qui malheureusement mourut avant d'avoir achevé l'exécution de son plan.

Le volume de Lacroix Dumaine fut publié en 1584. L'année suivante vit paraître à Lyon, et également sous le titre
de *Bibliothèque*, un « Catalogue de tous les auteurs qui ont
écrit ou traduit (d'une autre langue) en français et autres
dialectes de ce royaume ; ensemble leurs œuvres imprimées
et non imprimées, l'argument de la matière y traictée, etc. »
L'auteur était Antoine Duverdier.

Une circonstance remarquable, c'est que dans ces trois
ouvrages les auteurs sont disposés, non pas d'après l'ordre
de leurs noms, mais d'après celui de leurs prénoms. Cette
méthode se comprend, en quelque sorte, de la part de Gesner. Ce savant avait fait entrer dans son recueil les écrivains
hébreux, grecs, latins, arabes, chez lesquels il n'y avait pas
de noms patronymiques, et la marche adoptée pour ce qui
les concernait était commandée par le sujet même. Mais
comment expliquer une semblable méthode chez Lacroix
Dumaine et Duverdier?

Maintenant si nous passons chez les Arabes, les Persans et les Turcs, le plus ancien recueil bibliographique qui s'offre à nous est celui de Hadji-Khalfa, qui fut rédigé vers le milieu du xviie siècle. Pour celui-ci, il a été conçu dans toutes les conditions qu'on exige maintenant chez nous. Hadji-Khalfa n'avait pas eu, à proprement parler, de devancier dans sa nation; et tout en prenant ce qu'il y avait de mieux dans les plans de Gesner, de Lacroix Dumaine et d'Antoine Duverdier, il sut en éviter les écueils.

Hadji-Khalfa est un écrivain turc, qui naquit à Constantinople dans les premières années du xviie siècle. Son véritable nom est Mostafa. Fils d'un employé de l'administration, il entra lui-même de bonne heure dans la chancellerie des secrétaires d'état, et on lui donna le titre de *katib tcheleby*, c'est-à-dire, monsieur l'employé. C'est sous ce titre qu'il est désigné dans ses premiers écrits. Plus tard il prit le titre de *hadji*, lorsqu'il se fut acquitté du pèlerinage de la Mekke; enfin on l'appela *Khalfa*, forme contractée du terme arabe *Khalifa* ou lieutenant, lorsqu'il eut été nommé assesseur de la chambre des comptes à Constantinople. En 1630 il suivit l'armée ottomane dans l'expédition dirigée contre la Perse. En 1633, pendant que les troupes étaient établies dans leurs quartiers d'hiver à Alep, il fit le pèlerinage de la Mekke, et, à l'exemple de beaucoup de musulmans, il profita de cette occasion pour visiter Médine; enfin il assista au siége d'Érivan, soutenu, en Arménie, par les Persans. A partir de ce moment, il se voua aux lettres, et pour suppléer à ce qui avait manqué à ses premières études, il se mit en devoir de suivre les cours des professeurs les plus fameux de la capitale. En même temps il parcourait les boutiques des libraires de cette ville, de tout temps renommée pour les livres, qui y affluent de toutes les parties de l'Orient, ainsi que pour les bibliothèques publiques, annexées aux mosquées et aux colléges. Après s'être exercé pendant dix ans sur la logique, la rhétorique, la science du Coran et des traditions prophétiques, ainsi que sur la jurisprudence, il passa aux mathématiques et à la géo-

— 7 —

graphie. Plus tard, devenu valétudinaire, il prit une teinture
de la médecine; puis, entraîné par l'esprit qui a toujours
dominé en Orient, il finit par se livrer à la cabale et aux
autres sciences superstitieuses. Il mourut en 1658.

Des études si assidues et si variées expliquent comment
Hadji-Khalfa put laisser des ouvrages à la fois nombreux et
divers; elles rendent surtout raison de cette masse de faits
de tout genre qu'il a accumulés dans ses deux principaux
ouvrages, la Géographie universelle, à laquelle il a donné le
titre persan de *Djihan-Numa* ou Miroir du monde, et le Dictionnaire encyclopédique et bibliographique qui porte le titre
de كشف الظنون عن أسامى الكتب والفنون, c'est-à-dire, *Éclaircissements au sujet des noms des livres et des sciences.*

En ce qui concerne le *Djihan-Numa,* il y avait alors à
Constantinople un renégat français fort instruit, qui avait
pris le nom de *Mohammed,* et qu'on surnommait *Ikhlassy.*
Hadji-Khalfa se mit en rapport avec ce renégat, et, aidé par
lui, il traduisit en turc un traité latin qui jouissait alors d'une
grande réputation : c'est le petit atlas de Mercator, intitulé
Atlas Minor, successivement amélioré par Ortelius, Bertius,
Cellarius, etc. C'est Hadji-Khalfa lui-même qui nous ap-
prend ce fait dans sa préface du *Djihan-Numa* [1]. Dans le
Dictionnaire bibliographique, rien n'indique que l'auteur
ait eu connaissance des ouvrages de Gesner, de Lacroix Dumaine et de Duverdier; mais il est difficile de croire que les
conseils du renégat français n'aient pas été pour quelque
chose dans la sagesse du plan adopté définitivement par l'é-
rudit ottoman.

Le Dictionnaire de Hadji-Khalfa est le premier ouvrage
de ce genre qui ait été fait pour les littératures réunies des
Arabes, des Persans et des Turcs, et il est le dernier. La
seule chose qu'il était possible de faire après la mort de l'auteur, était de le corriger dans les détails, de remplir les la-
cunes qu'un pareil sujet comporte nécessairement, et de le

[1] Voy. l'Introduction à la Géographie d'Aboulféda, p. clxxi.

mettre au courant des publications faites plus tard. En ce qui concerne cette réunion des trois littératures, elle était d'autant plus naturelle, que pour toutes les trois on se sert de l'alphabet arabe. C'est ainsi que chez nous les bibliographes mettent à la suite les uns des autres les titres des livres latins, français, italiens, etc.

Du reste, il existait depuis longtemps, surtout pour la littérature arabe, qui pour le temps, pour l'espace et pour le nombre des livres, l'emporte de beaucoup sur les deux autres littératures, des traités partiels et des recueils spéciaux qui facilitaient la tâche de Hadji-Khalfa. Dès la dernière moitié du x⁰ siècle de notre ère, un savant libraire de Bagdad avait composé un recueil des titres de tous les livres arabes et persans qui étaient parvenus à sa connaissance, classés par ordre de matières. Ce recueil est intitulé *Fihrist-al-Oloum* ou Table des sciences, et il s'en trouve des exemplaires dans quelques bibliothèques d'Europe[1]. Parmi les livres qui y sont mentionnés, il en est un bon nombre qui paraissent aujourd'hui perdus. Ce sont, entre autres, les traductions qui existaient alors des livres grecs, persans et indiens. Rien ne peut suppléer à un pareil recueil. M. Fluegel, le même qui vient de publier le traité de Hadji-Khalfa, prépare une édition du *Fihrist*.

Parmi les autres ouvrages arabes que Hadji-Khalfa a eus à sa disposition, je citerai les dictionnaires biographiques des personnages notables qui ont figuré dans l'islamisme, entre lesquels les gens de lettres tiennent naturellement une place considérable, et où se trouve l'indication de leurs écrits. Les deux principaux recueils de ce genre sont le Dictionnaire d'Ibn-Khallekan, qui florissait dans la dernière moitié du xiii⁰ siècle, et celui d'Aboul-Mahassen, qui écrivait dans le xv⁰ siècle. Le dernier porte le titre de *Minhal-al-Safy* ou Abreuvoir d'eau pure. Il s'en trouve cinq volumes dans la Bibliothèque impériale de Paris[2]. Quant à l'autre, il a été

---

[1] Ce traité est cité dans le Dictionnaire de Hadji-Khalfa, t. IV, p. 483.

[2] Hadji-Khalfa a parlé de l'ouvrage au tome VI, p. 224.

reconnu d'une utilité si pratique, qu'il en a été fait deux
éditions en Europe. On peut juger du parti que Hadji-Khalfa
a tiré des dictionnaires biographiques en général, par le
secours que les biographies apportent aux bibliographes de
nos jours.

Un autre genre d'ouvrages qui ont été fort utiles à Hadji-
Khalfa, ce sont les chroniques et les ouvrages d'histoire en
général. Les ouvrages historiques, chez les Orientaux, sont
ordinairement disposés par année, et l'usage est d'y indi-
quer, à la fin de chacune, les noms des personnes notables
qui sont mortes dans cet espace de temps, en accompagnant leurs noms de détails plus ou moins étendus. On
ne saurait dire à quel point les chroniques arabes d'Ibn-
al-Atyr, d'Aboul-Mahassen, etc. ont été utiles à Hadji-
Khalfa.

Enfin il existe une source qui est particulière à la littérature arabe, et où Hadji-Khalfa a largement puisé. On con-
naît les immenses recueils consacrés jadis à nos ordres reli-
gieux, et qui étaient destinés à transmettre à la dernière
postérité les noms de ceux qui avaient contribué à la gloire
de l'ordre. Mabillon a composé les Annales de l'ordre des
Bénédictins, et Wadding, celles de l'ordre de saint François
d'Assise. Il existe en arabe un grand nombre de recueils
spéciaux pour les différentes classes des docteurs de l'islamisme, répartis par sectes, par compagnies, etc. et ces recueils sont compris sous la dénomination générale de *Thabacat* ou Tables. Hadji-Khalfa a donné une énumération de
ces tables dans le tome IV de son Dictionnaire, de la page 132
à la page 154. Il y en a pour les docteurs des différents rites
de l'islamisme (hanéfytes, schafeytes [1], malékytes et hanba-
lytes), pour les médecins, les grammairiens, les commen-
tateurs du Coran, etc.

Mais ces ressources réunies n'auraient pas toujours été

[1] En ce qui concerne les docteurs schafeytes, Hadji-Khalfa s'est beaucoup servi des tables d'Ibn-Sobky, sur lesquelles on peut consulter le
tome IV, p. 139 et 142.

suffisantes pour donner une idée exacte d'un livre. Hadji-Khalfa ne négligea rien pour voir les livres eux-mêmes. Voilà pourquoi, pendant la dernière moitié de sa vie, il prit à tâche de parcourir les bibliothèques publiques et les boutiques des libraires. Il prenait note des titres des livres et des noms des auteurs, il marquait la distribution de l'ouvrage, il transcrivait les premiers mots du livre, afin de pouvoir constater son identité chaque fois qu'il s'en présentait un nouvel exemplaire; de plus, il inscrit l'année de la mort de l'auteur, quand il l'a trouvée indiquée quelque part; enfin il complète quelquefois sa notice par une courte appréciation. Hadji-Khalfa ne se borna pas à cela. Profitant probablement d'une idée qui avait été émise par Lacroix Dumaine et Duverdier, il crut devoir placer, en tête de chacun des sujets qui ont donné naissance à un certain genre d'écrits, un exposé sommaire du sujet avec l'indication des principaux ouvrages qui avaient paru sur la matière. Il fit plus. Comme ces exposés, par leur morcellement, n'auraient pas suffi pour donner au lecteur une idée de l'ensemble des sciences, il mit en tête de l'ouvrage une introduction générale, où les sciences sont disposées dans leur ordre logique, et subordonnées à une pensée unique. Cette introduction occupe les pages du tome premier, de 6 à 139. C'est en vue de cette introduction et des sommaires distribués dans le corps du Dictionnaire, que le titre adopté par Hadji-Khalfa pour son recueil porte sur deux choses, l'une qui se réfère aux titres de livres proprement dits, l'autre à une pensée encyclopédique.

Pour cette partie de sa tâche, Hadji-Khalfa reconnaît avoir fait de nombreux emprunts à l'ouvrage de deux écrivains ottomans du xviᵉ siècle, Ahmed, fils de Mostafa, surnommé *Thaschkopry Zadeh,* et son fils. Cet ouvrage porte le titre de *Clef du bonheur et lampe de la supériorité* [1]; de leur côté, les deux auteurs, pour composer leur traité, avaient mis à contribution les Prolégomènes arabes d'Ibn-Khaldoun,

---

[1] Il est indiqué par Hadji-Khalfa, t. VI, p. 14.

dont il vient de paraître simultanément une édition à Paris
et une au Caire[1].

Hadji-Khalfa, ayant achevé de rassembler ses matériaux,
adopta l'ordre des titres des livres, et les titres furent classés
d'après les lettres de l'alphabet arabe. Pour lui, cet ordre
était de beaucoup préférable à celui des noms d'auteurs.
Chez les musulmans, il y a certains noms recherchés, par
exemple celui de Mohammed. Les pieux musulmans sont
persuadés qu'il est impossible qu'au jour du jugement dernier un homme appelé de ce nom ne trouve pas un patron
tout-puissant dans la personne de leur prophète. Les personnages ainsi nommés sont obligés, pour se distinguer, de
prendre des surnoms et des sobriquets, par lesquels ils sont
ordinairement désignés, et au milieu desquels il est quelquefois très-difficile de se reconnaître. Au contraire, un titre de
livre est peu susceptible de changer. Sous ce rapport, le plan
de Hadji-Khalfa est supérieur à celui de Gesner, de Lacroix
Dumaine et de Duverdier. Sous un autre rapport, il réalise,
au moyen de l'introduction générale et des sommaires scien-
tifiques distribués dans le corps de l'ouvrage, les avantages
de l'ordre des matières.

Hadji-Khalfa mourut avant d'avoir pu soumettre toutes
les parties de son travail à une dernière révision. Certains
titres de livres n'étaient pas marqués exactement, soit qu'il
n'eût pas vu lui-même ces livres, soit que les exemplaires ne
fussent pas corrects; en effet, il ne faut pas perdre de vue
que l'auteur opérait sur des livres transcrits à la main. Nos
bibliographes, qui opèrent sur des imprimés, sont sujets à
des méprises. Que doit-ce être quand on n'a sous les yeux que
des copies, souvent incorrectes, et quelquefois d'une écriture
peu lisible? Ici le danger est d'autant plus grand, que dans
l'écriture arabe on ne marque que les consonnes, et que souvent les titres de livres ne disent rien par eux-mêmes. Ajoutez
à cela que la date de la mort des auteurs n'était pas toujours

---

[1] Hadji-Khalfa a parlé des écrits d'Ibn-Khaldoun, t. IV, p. 183.

exacte, ou qu'elle manquait entièrement. Enfin de nouveaux livres continuèrent à paraître, et les ouvrages du genre de celui-ci sont de nature à n'être jamais finis. Ces diverses circonstances, jointes aux erreurs que les copistes avaient introduites dans les transcriptions, engagèrent, en 1756, un savant de Constantinople à publier une nouvelle édition, revue, corrigée et augmentée. Ce savant se nommait Ibrahim, et comme il remplissait dans l'armée les fonctions de chef des charrois, on lui avait donné le titre de *arabat-djy-baschy,* sous lequel il est connu. Il existe un exemplaire de cette nouvelle édition à Vienne, et un autre exemplaire, plus complet et plus beau, à la Bibliothèque impériale de Paris.

Conformément à l'usage des écrivains arabes, persans et turcs, Hadji-Khalfa a placé en tête de son ouvrage une préface en prose rimée et d'un style relevé. En voici un fragment : « Comme le tableau des principes des sciences et l'exposé des divers aspects sous lesquels on peut les considérer font partie des dons les plus précieux accordés à l'homme, et des objets les plus dignes de sa recherche, le Dieu Très-Haut a suscité à chaque époque des intelligences à la hauteur d'une si grande tâche, et qui n'ont rien épargné pour en faciliter l'accès. Tels sont les docteurs enfantés par l'islamisme, au sujet desquels le Prophète a dit : « Les savants de ma na- « tion sont comme les prophètes des enfants d'Israël, c'est- « à-dire qu'ils indiquent la marche et servent de signal ; ils « fondent l'érudition et ils apprennent à la mettre en œuvre. » Parmi ces docteurs, il en est qui ont fait surgir les questions du milieu des faits et qui en ont déduit à la fois les principes et les conséquences ; d'autres ont rassemblé les résultats obtenus, les ont rapprochés et en ont tiré de nouveaux corollaires. Que Dieu fasse miséricorde aux premiers, et qu'il soutienne ceux qui les ont suivis !

« Les divers écrits légués par nos devanciers n'avaient pas encore été rangés par sections et par chapitres, et l'on manquait d'un traité général à ce sujet. Or il n'est pas douteux qu'un tableau, même en raccourci, des ouvrages de toute

nature qui existent, ne soit préférable à des notices éparses[1],
vu que les sciences et les livres qui en traitent sont nombreux,
et que la vie de l'homme est courte et précieuse. Le fait est
qu'il est devenu très-difficile, pour ne pas dire impossible,
de suivre dans les détails le mouvement littéraire des divers
temps. Tout ce qu'on peut faire, c'est d'en saisir les points
principaux et d'en reconnaître la tendance.

« C'est le Dieu Très-Haut qui m'a inspiré l'idée de recueillir les données éparses et qui m'a donné la force nécessaire
pour la mettre à exécution. De bonne heure je commençai à
prendre note des faits de tout genre qui s'offraient à moi
dans mes lectures, notamment quand j'étais occupé à lire
des livres d'histoire et de biographie. Grâce à Dieu, à peine
j'étais arrivé à la maturité de l'âge, que mes matériaux étaient
prêts. Je laissai pendant quelque temps mes notes de côté,
comme une chose de peu de valeur, me contentant d'y in-
tercaler au fur et à mesure mes observations nouvelles. Enfin,
les temps marqués par la Providence étant arrivés, je me
décidai à mettre mes matériaux en ordre.

« J'ai cru devoir classer les faits d'après l'ordre des lettres
de l'alphabet. C'est la marche qui m'a paru la plus favorable
pour prévenir à la fois les répétitions et les confusions. Tout
livre qui porte un titre a été rangé à sa place, avec le nom
de son auteur, la date de sa composition, les qualités qui le
caractérisent et sa distribution par sections et par chapitres.
J'ai même quelquefois reproduit les opinions, soit en bien,
soit en mal, qui avaient été émises à son sujet par les maîtres.
J'ai également, à propos de l'ouvrage, fait mention des commentaires qui en ont développé les principes et des gloses
qui en éclaircissent les difficultés. C'était le meilleur moyen
de dissiper les doutes et de lever les incertitudes. Ce n'est
pas que, d'ailleurs, ces commentaires ne soient mentionnés
à leur place, soit avant, soit après; mais il m'a paru qu'in-

---

[1] Littéralement : *à un bâton mis en pièces.* Sur cette expression, voyez les
Séances de Hariri, avec le commentaire de M. Silvestre de Sacy, 2ᵉ édition,
p. 39 et 262.

dépendamment de ces mentions particulières, un ouvrage formait une espèce de tronc qui ne devait se montrer qu'avec ses branches. Quant aux ouvrages qui ne portent pas de titre, je les ai rangés dans la matière à laquelle ils se rapportent, ou dans le chapitre où sont cités les écrivains qui en ont traité, mais toujours en ayant égard à l'ordre alphabétique. C'est ainsi qu'à la lettre *t,* j'ai fait mention de la Chronique (*tarykh*) d'Ibn-al-Atyr, et du Commentaire du Coran (*tafsyr*) par Thabary; de même qu'à la lettre *d* j'ai parlé du dyvan de Motenabby, etc.

« Quand le livre m'a passé sous les yeux, j'ai transcrit les premiers mots comme moyen de constater son identité. C'est la meilleure méthode pour prévenir toute incertitude; grâce à elle, j'ai pu déterminer une foule de livres dont l'origine était douteuse.

« L'ouvrage ayant été, Dieu merci, mené à bonne fin, je l'ai intitulé : *Éclaircissements au sujet des noms des livres et des sciences.* J'en fais hommage aux savants de profession et aux hommes qui prisent le mérite. Mon unique but a été de me rendre utile à ceux qui viendront après moi, et de conserver le souvenir des efforts de ceux qui m'ont précédé. C'est le cas de rappeler cette sentence du meilleur des hommes (Mahomet) : « Celui qui met sur le papier le nom d'un croyant, « c'est comme s'il le rendait à la vie. » Au surplus, c'est Dieu qui aplanit les difficultés; il donne les nouvelles favorables, et il prête un inappréciable secours. »

Hadji-Khalfa a ainsi terminé son introduction[1] : « Sache que le motif qui m'a fait entreprendre ce travail, c'est que l'homme ayant besoin de perfectionner sa nature, et cette amélioration ne pouvant se faire qu'à l'aide de la connaissance du principe des choses, ainsi que de la science du livre de Dieu (le Coran) et des traditions laissées par son apôtre (Mahomet), la première chose qu'il a à faire, c'est de se rendre compte des idées qui en sont comme l'intermédiaire. Pour cela il faut qu'il acquière une teinture des di-

[1] Tome I, p. 138.

verses sciences en général, puisqu'il passe à l'étude des livres considérés en eux-mêmes et par rapport au rang où l'on doit les placer. Ce sera à chacun de s'arrêter aux articles qui l'intéressent, de comparer ensemble le sujet qui y est traité et la manière dont l'auteur s'est acquitté de sa tâche. Par là le lecteur apprendra à connaître la valeur respective des livres agréables et des livres solides, et distinguera l'homme vraiment savant de l'homme qui n'a que la prétention de la science. En même temps il s'initiera à la science des livres en général; il appréciera leur mérite respectif, leur valeur réelle, et ne confondra pas un livre véritablement bon avec un livre qu'on trouve partout. Il saura si un livre vaut la peine qu'on se gêne pour se le procurer; il connaîtra d'avance ce qu'on a la chance d'y trouver, et, si le livre est mauvais, il en évitera les mauvais effets. Enfin il fera connaissance avec les écrivains; il apprendra, au moins d'une manière sommaire, l'année de leur mort, et par conséquent le siècle où ils ont vécu. Dès lors il ne sera pas exposé à mettre un docteur au-dessous de sa place réelle, ni à en élever un autre au delà de son mérite. Cette étude, d'ailleurs, sera pour les âmes nobles une occasion de se prendre d'amour pour toutes les hautes qualités dont la nature humaine est capable, et de chercher à imiter la conduite des hommes les plus illustres des temps anciens et modernes. En effet, personne n'ignore à quel point nous sommes impressionnés par les grandes choses faites avant nous, et quelle ardeur nous porte vers ces choses, surtout lorsque nous en entendons parler pour la première fois; on peut dire que l'œil ne se lasse pas de les regarder, ni l'oreille d'en entendre parler. »

L'ouvrage se termine ainsi [1] : « Ici finit ce que nous nous étions proposé de dire. Le but que nous avions en vue est atteint, et nous avons satisfait aux conditions que nous nous étions imposées. J'espère avoir réuni sur chaque article des notions suffisantes pour en donner une idée exacte, et avoir mis le lecteur que la matière intéresse sur la voie pour

[1] Tome VI, p. 519.

aller plus loin. En effet, l'on y trouvera des faits et des résultats qui ne sont rien moins que vulgaires, et qu'on aurait de la peine à rencontrer ailleurs. Plût à Dieu qu'un autre avant moi eût frayé la route, et que j'eusse trouvé un guide qui, par ses écrits ou de vive voix, m'eût permis, au lieu de parler d'après moi-même, de parler au nom d'autrui! Je prie Dieu de vouloir bien accueillir gracieusement les portions du livre qui traitent de matières conformes à son esprit, et de jeter un voile sur les endroits qui respirent un esprit différent! Puisse-t-il nous pardonner la mention que nous avons été obligé de faire de certains livres et de certains auteurs, notamment dans ce qui concerne les écrits des philosophes de l'antiquité (Aristote, etc.) et les traités rédigés hors des dogmes de l'islamisme, de même que les livres qui sont basés sur la légèreté du caractère et la dissolution des mœurs! Puisse-t-il nous faire grâce du feu éternel, en considération de l'être privilégié qu'il avait investi de son apostolat (Mahomet), et faire, de ce livre, pour nous et pour tous ceux qui voudront s'en procurer un copie, un titre à la faveur divine, le jour où chaque âme recevra de Dieu la récompense de ses actes! Nous conjurons l'Être suprême de nous garder de toute prière qui ne soit pas de nature à être exaucée, de toute science qui ne mène pas au bien, de tout acte qui ne mérite pas une récompense. Il est l'être généreux par excellence, qui ne frustre pas les espérances placées en lui. »

De son côté, le réviseur de l'ouvrage de Hadji-Khalfa, Arabat-djy-Baschy, a placé à la fin de son édition la note suivante[1] : « Ici se termine, grâce à l'aide de l'être généreux par excellence (Dieu), l'ouvrage revu et corrigé. Cette révision m'a été commandée par un homme qui est le patron des hommes de bonne volonté et le guide des personnes de talent. Dans l'état actuel des choses, les exemplaires du livre, à force de se multiplier, avaient subi un grand nombre d'altérations. Ce n'est pas sans hésitation que j'ai obéi aux

[1] Tome VI, p. 522.

ordres qui m'étaient donnés, vu, d'une part, les difficultés
de la tâche, de l'autre ma faiblesse et mon incapacité, vu,
de plus, les distractions que me donne mon emploi, et les
diverses épreuves par lesquelles j'ai à passer. Mais, plein
de confiance dans celui qui dispose de tout pour notre bien
(Dieu), et ayant sous les yeux le brouillon de l'auteur, j'ai
pu reconnaître les erreurs introduites par les copistes, qui,
le plus souvent, ne sont pas autre chose que des falsificateurs[1]. J'ai d'ailleurs revu tous les articles, l'un après
l'autre, sans excepter les commentaires et les gloses, et je
les ai conférés avec les *Thabacat* et les livres d'histoire, au
nombre de plus quatre cents volumes. Chaque livre a été
rapporté à son auteur; la date de la mort des principaux
écrivains a été rétablie, soit que les chiffres différassent entre
eux, soit qu'il n'y en eût pas du tout. De plus, j'ai intercalé
à leur place, et sans manquer à l'ordre établi, les titres
des livres un peu considérables qui ont été mis au jour
depuis la mort de l'auteur, et même quelquefois des titres
de livres déjà anciens, qui avaient échappé à son attention.
Nous prions le Dieu très-haut de vouloir bien nous tenir
compte de nos efforts, etc. »

Le Dictionnaire de Hadji-Khalfa, par suite de son utilité
pratique, se trouve dans toutes les bibliothèques de l'Orient.
En ce moment on en prépare une édition au Caire. Il a été
également connu et apprécié de bonne heure en Europe.
L'illustre d'Herbelot l'a mis souvent à contribution pour sa
Bibliothèque orientale, et un savant secrétaire interprète du
gouvernement français pour les langues orientales, Pétis de
la Croix, qui florissait dans les dernières années du XVII°
siècle et dans les premières années du XVIII°, en prépara
une édition accompagnée d'une traduction française et d'index. Le manuscrit de Pétis de la Croix, que l'on conserve
maintenant à la Bibliothèque impériale, se compose de deux

[1] Dans le texte arabe *copistes* est rendu par *nossakh*, et *falsificateurs* par
mossakh. Ce jeu de mots rappelle la confusion que les Italiens font de *tra-
duttore* et *traditore*.

volumes in-folio; il y a, de plus, un volume consacré aux index.

M. Fluegel a d'abord établi son texte d'après les manuscrits qu'il a eus sous la main; ensuite il l'a revu et complété d'après l'édition d'Arabat-djy-Baschy. Quant à sa traduction, il s'est entouré de tous les secours que lui offraient les bibliothèques de Paris, de Vienne, et des autres villes à sa portée. Bien souvent les titres des livres avaient de la peine à être mis en latin. L'éditeur, toutes les fois qu'il l'a pu, les a rapprochés des livres mêmes.

M. Fluegel ne s'est pas borné à sa tâche, proprement dite, d'éditeur. Il a cherché à entourer son texte de tous les éclaircissements qui pouvaient en faciliter la lecture et en compléter le sens. La dernière partie du sixième volume et tout le septième volume, qui se compose de plus de douze cents pages, consistent en documents originaux, en notes et en index.

Le texte proprement dit se termine au tome VI, page 523. On trouve à la suite, 1° sous le titre de اتاريذ ou renseignements nouveaux, une liste de plus de cinq cents ouvrages arabes, persans et turcs, qu'avait relevés le fils d'un ancien cadi du faubourg de Galata, appelé Ahmed Hanifzadé. Cette liste s'étend jusqu'à l'année 1758 de notre ère. 2° Une liste d'ouvrages qui ont cours principalement dans les contrées du nord-ouest de l'Afrique. Il faut savoir que les principaux recueils biographiques et bibliographiques arabes ont été composés en Égypte et en Syrie, et que l'Afrique proprement dite a toujours été considérée, pour ainsi dire, comme un pays à part. Une bonne partie des livres arabes de la Bibliothèque impériale de Paris, qui circulent de préférence en Afrique, ne sont venus en France que depuis la conquête de l'Algérie. La liste en question, qui fut rédigée, dans le principe, par le voyageur Dombay, fait donc connaître bien des ouvrages qui étaient restés inconnus à Hadji-Khalfa luimême. 3° Une liste des ouvrages sortis de la plume d'un écrivain arabe d'Égypte appelé *Soyouthy,* lequel florissait

vers la fin du xvᵉ siècle. Soyouthy a été un écrivain extrêmement fécond ; le plus souvent il s'est borné à abréger et
à compiler ce qui avait été fait avant lui. Néanmoins ses
ouvrages remplacent pour nous des livres qui ne nous sont
point parvenus. Expérience faite, le nom de Soyouthy a grandi
depuis quelques années en Europe.

Le septième volume s'ouvre par les catalogues des princi-
pales bibliothèques du Caire, de Damas, d'Alep, de Rhodes
et de Constantinople. On sait que chez les musulmans l'édu-
cation est essentiellement religieuse, et qu'en général les
colléges sont annexés aux mosquées; or la plupart des colléges renferment des bibliothèques, plus ou moins considérables, à l'usage des professeurs, des élèves et du public
en général. Ces bibliothèques ont été fondées par des parti-
culiers, notamment par d'anciens hauts fonctionnaires qui
avaient le goût des livres, et qui entendaient par là faire acte
de piété.

En général les catalogues des bibliothèques publiques,
aussi bien que les listes dont il a déjà été parlé, sont rédigés
d'une manière plus ou moins imparfaite. Les indications sont
extrêmement courtes : tantôt le titre du livre est incomplet,
tantôt le nom de l'auteur manque, quelquefois même on
ne trouve que le nom de l'auteur sans l'indication du livre.
Néanmoins ces documents peuvent être d'un grand secours,
et c'est le motif qui a engagé M. Fluegel à les publier. Le
plus souvent les listes et les catalogues sont disposés par
ordre de matières. Or n'est-il pas très-commode, pour le
savant qui est livré à une recherche quelconque, d'avoir
sous la main les titres d'une série d'ouvrages qui peuvent
l'aider dans ses investigations ? Voici d'autres avantages :
1° beaucoup de livres ont échappé aux recherches de Hadji-
Khalfa et de ses continuateurs ; il n'est guère de ces catalogues et de ces listes qui ne renferment quelques écrits de
cette catégorie. 2° Ces listes et ces catalogues forment une
espèce d'inventaire d'un établissement connu. Supposons
qu'un savant d'Europe y trouve la mention d'un ouvrage

qui intéresse les études auxquelles il est livré dans le moment, il dépend de lui, au moyen de certaines démarches, de se procurer une collation du manuscrit en question ou même une copie intégrale. C'est ainsi que, pour les fragments de l'ouvrage d'Albyrouny relatifs à l'Inde, que j'ai publiés en 1844 dans le Journal asiatique, j'ai pu, par l'intermédiaire de M. Belin, drogman de l'ambassade de France à Constantinople, me procurer, après coup, une collation faite sur un exemplaire de la bibliothèque Koprily, à Constantinople.

Après ce genre de documents viennent les notes de l'éditeur. Déjà M. Fluegel, en tête de chaque volume, avait placé un certain nombre de remarques sur les volumes précédents. Ici ces notes sont reproduites refondues et considérablement augmentées. Tantôt c'est un titre de livre ou un nom d'auteur qui n'avait pas été marqué correctement, tantôt c'est une date qui manquait ou qui était fausse; tantôt c'est un passage qui, rapproché d'un autre passage, brille d'une lumière nouvelle; tantôt c'est un titre de livre qui n'avait pas été rendu exactement en latin, et qui, contrôlé sur le livre lui-même, a pu être fixé définitivement. Le premier volume de l'édition de M. Fluegel a paru en 1835, et, pendant vingt-cinq ans, l'éditeur n'a pas cessé de revoir son travail. Néanmoins il a cru devoir faire observer que bien des points restent encore à éclaircir. Il m'a semblé, en effet, que quelquefois M. Fluegel n'avait pas tiré tout le parti qu'il aurait pu des données qu'il avait entre les mains. J'ai déjà parlé d'un catalogue de manuscrits rédigé dans la dernière moitié du xe siècle par un libraire de Bagdad, et dont M. Fluegel prépare une édition. La date de la mort de l'auteur est restée en blanc dans le Dictionnaire, et M. Fluegel n'a rien dit sur cette lacune dans ses notes. Or l'auteur dit lui-même, dans son traité, qu'il l'écrivait en l'année 377 de l'hégire ou 987 de notre ère. N'aurait-il pas été convenable qu'au moins dans les notes cette lacune fût remplie à l'aide d'un témoignage aussi authentique?

Enfin les notes sont suivies des index, au nombre de deux. Le premier renferme les titres des livres cités par Hadji-Khalfa en passant et hors de leur place. Cet index forme une espèce de supplément au Dictionnaire proprement dit. Quant au second index, c'est la liste des noms des auteurs cités dans l'ouvrage, avec le renvoi aux endroits où il en est fait mention. Cet index est, en quelque sorte, la reproduction de l'ouvrage, disposé par noms d'auteurs. Ces deux index, qui ont coûté beaucoup de peine à l'éditeur, étaient indispensables et ils couronnent dignement le monument auquel ils se rattachent.

J'ai cherché, au moyen de courtes indications, à mettre les lecteurs, ceux même qui sont étrangers aux études orientales, au courant de la vaste publication que vient de terminer M. Fluegel. Cette publication n'intéresse pas seulement les littératures arabe, persane et turque ; on peut dire qu'elle touche à toutes les littératures, notamment à la littérature grecque, dont certaines productions ne sont point parvenues jusqu'à nous, et qui ont été jadis traduites en arabe ; à la vieille littérature française, dont bien des productions, aujourd'hui négligées, furent primitivement empruntées à l'Orient, à une époque où la civilisation musulmane semblait dépasser, sur certains points, toutes les autres civilisations[1]. Insister ici pour faire ressortir davantage le zèle et la persévérance dont M. Fluegel a fait preuve, le savoir qu'il a déployé, le service qu'il vient de rendre, et les services qu'il peut rendre encore, ce serait, ce me semble, prendre une peine inutile. Je me borne donc à ajouter qu'une publication d'une telle portée, à raison des frais qu'elle devait occasionner, n'aurait pas pu être entreprise par un éditeur ordinaire, et que, si M. Fluegel a pu la mener à bonne fin, c'est grâce à la générosité du comité anglais pour les traductions d'ouvrages orientaux en langues européennes.

[1] Voyez-en un exemple, entre beaucoup d'autres, dans l'*Histoire littéraire de la France*, t. XXI, p. 216 et suiv.

RECHERCHES SUR LES DIALECTES MUSULMANS, par M. E. Berezine.
Première partie : Système des dialectes turcs. Casan, 1848,
pag. 95 et IX. — Deuxième partie : Recherches sur les dialectes
persans. Casan, 1853, pag. 158 et 149. — Troisième partie :
Guide du voyageur en Orient, dialogues arabes. Moscou et Saint-
Pétersbourg, 1857, pag. 96. — Chrestomathie turque. Casan,
1857, pag. 288 et XVI. Quatre volumes grand in-8°.

M. Berezine a longtemps rempli les fonctions de professeur de langue turque à l'Université de Casan, sur les bords
du Volga, et maintenant il professe le turc à Saint-Péters-
bourg. Pendant les années 1842, 1843, 1844 et 1845, il
parcourut, sous les auspices de l'Université de Casan, et
dans le but de faire des recherches philologiques et scienti-
fiques, une partie des provinces de l'empire russe où le turc
domine, ainsi que diverses contrées de la Perse et de l'empire ottoman. A cette occasion il étudia sur les lieux mêmes
la plupart des dialectes parlés par les nations musulmanes,
et il jeta les fondements des ouvrages qu'il a publiés plus
tard. Quelques-uns de ces ouvrages nous sont inconnus, et
par conséquent nous ne pouvons pas en parler. Ici nous nous
bornons aux volumes qui sont sous nos yeux.

Le volume qui a paru le premier, et qui porte le titre de
Système des dialectes turcs, est un classement des dialectes
que parlent les populations de race turque éparses dans
l'empire russe, en Perse et dans l'empire ottoman, depuis
les frontières de la Chine jusqu'aux rives de la mer Adria-
tique, depuis la mer Glaciale jusqu'aux environs du golfe
Persique. Un premier classement de ce genre fut fait par
Pallas en 1786, sous les auspices de l'impératrice Catherine II;
la question fut reprise par Adelung, au commencement de
ce siècle, et dans un des volumes du *Mithridates.* Enfin Klaproth, qui avait beaucoup voyagé et beaucoup recueilli, ré-
suma, en 1823, tout ce qu'on savait de son temps, dans un
volume, accompagné d'un atlas, qu'il intitula *Asia polyglotta.*

M. Berezine, profitant de l'avantage qu'il a eu de venir plus

tard , et des recherches spéciales qu'il a faites , arrive à des ap-
préciations plus précises. Il divise les dialectes turcs en trois
groupes, à savoir le djagatéen, qui est le plus ancien de tous
et qui se parle à l'est, non loin des frontières de la Chine ;
le tatar, qui se parle au nord, notamment dans la Sibérie,
et le turc, qui est usité dans l'empire ottoman, ainsi que dans
les contrées voisines. Chaque groupe se subdivise en dialectes, pour lesquels l'auteur cite des échantillons propres à
en constater le caractère et à en déterminer le système gram-
matical. Telle est l'étendue du champ qu'a eu à exploiter
M. Berezine, que, pour certains dialectes, il en a été réduit
à reproduire ce qu'avait déjà dit Klaproth.

La deuxième partie, consacrée aux dialectes persans, traite
du langage qu'on parle dans le Guilan, le Mazanderan, une
partie du Kurdistan, etc. En certains cas, l'auteur n'a pas
pu se rendre sur les lieux mêmes ; ce qu'il dit, il le tient de
personnes qu'il avait rencontrées par hasard dans le cours de
ses explorations. Son traité est divisé en trois parties : la première est consacrée aux formes grammaticales ; la deuxième
consiste en dialogues ; la troisième est un vocabulaire des
divers dialectes. Dans la deuxième partie on remarque quelques chansons talyches, guilanes et mazanderanes. L'alphabet arabe, qui sert ici à écrire des mots de toute origine,
étant impuissant à rendre les divers sons, l'auteur a eu soin
d'accompagner chaque mot, reproduit textuellement, de sa
transcription en caractères romains.

Pour cette partie de son travail, M. Berezine dit que son
but a été d'attirer l'attention des orientalistes et des archéo-
logues sur des dialectes qui, bien qu'examinés à un point
de vue moderne, doivent renfermer bien des vestiges d'un
état ancien. Il part de l'idée que ces dialectes se parlaient
d'une manière plus ou moins intacte au temps de Sémi-
ramis, de Salmanazar, de Nabuchodonosor et de Cyrus, et
qu'ils peuvent fournir quelques données pour l'explication
des inscriptions cunéiformes. A cette occasion, l'on pourrait
adresser à l'auteur une observation. Les dialectes turcs ren-

ferment plus d'une expression arabe ou persane ; les dialectes persans renferment des mots arabes et turcs. Or, pour
une grande partie de ces termes d'emprunt, l'on est sûr que
l'emprunt n'a eu lieu qu'à une époque relativement récente.
M. Berezine n'aurait-il pas dû marquer ces mots d'un signe
particulier ?

Passons à la troisième partie, qui est consacrée aux dialectes arabes, et où l'on trouve des spécimens des langages
parlés à Bassora, à Bagdad, à Alep et en Égypte. L'auteur
s'exprime ainsi en commençant : « Les dialogues que je pu-
blie ici ont été écrits pendant mon voyage en Orient, comme
des échantillons des principaux dialectes des Arabes séden-
taires. J'ai réuni les phrases les plus nécessaires pour le voyageur qui parcourt l'Orient. Pour que le voyageur soit compris de tout le monde, j'ai choisi le langage usité par le bas
peuple, en conservant même quelquefois les expressions incorrectes, mais qui sont admises dans la conversation quo-
tidienne. » Un autre avantage dont l'auteur ne parle pas,
c'est le secours dont ces dialogues peuvent être en général pour
fixer le caractère d'une langue. Des philologues ont fait observer que le latin de Cicéron et de César n'était pas tout à
fait le latin parlé par le bas peuple de leur temps. On peut
se demander si l'arabe du Coran et des Moallacas a jamais
été parlé par le commun des Bédouins. Des échantillons bien
choisis des différents dialectes parlés par les populations de
race arabe dans les vallées du Tigre et de l'Euphrate, dans
les vallées de l'Oronte et du Nil, à Tunis, à Alger et à Maroc,
pourraient être employés comme éléments dans la solution de
la question [1]. Si dans ces divers dialectes il y a des formes qui
soient communes à tous, ces formes fussent-elles incorrectes,
on est autorisé à croire qu'elles ont toujours été usitées parmi

[1] Je ne puis m'empêcher de citer à cette occasion le volume que M. Cher-
bonneau, professeur d'arabe à Constantine, a récemment publié sous le
titre de *Dialogues arabes à l'usage des fonctionnaires et des employés de l'Algérie*. Alger, 1858, 1 vol. grand in-8°. On peut aussi faire mention des
dialogues en dialecte algérien publiés par M. Honorat Delaporte.

le vulgaire. Malheureusement M. Berezine, pour les dialectes arabes qui ont attiré son attention, n'a pas commencé par se livrer à une étude critique, qui seule pouvait donner à son travail toute l'utilité dont il était susceptible.

Maintenant nous allons dire quelques mots de la Chrestomathie turque, dont on ne voit ici que le commencement. J'ai dit que M. Berezine divisait les dialectes turcs en trois groupes : le groupe oriental, le groupe septentrional et le groupe occidental. Celui-ci, qui est le plus rapproché de nous, et qui satisfaisait pour nous aux besoins de la diplomatie et du commerce, a de bonne heure appelé l'attention de nos orientalistes; en conséquence M. Berezine a cru devoir le laisser de côté. La présente Chrestomathie a seulement pour objet les groupes oriental et occidental, et encore M. Berezine ne s'est en général arrêté que sur des textes inédits; mais telle est la richesse du sujet, telle est surtout l'abondance des documents que la Russie fournit sur une branche de la littérature presque inconnue dans le reste de l'Europe, que cette partie des publications de M. Berezine doit former quatre gros volumes. En voici la division : 1° choix de textes turcs de la branche orientale; 2° choix de textes turcs de la branche septentrionale; 3° les notes grammaticales, historiques, et les observations de tout genre dont ces textes sont susceptibles; 4° des vocabulaires où les mots turcs seront expliqués en russe et en français. Le seul énoncé d'un pareil plan est de nature à exciter l'intérêt des orientalistes et des philologues en général. Il suffira d'ajouter que la portion du premier volume qui a paru, et qui donne une excellente idée de l'ensemble, renferme une partie des textes du groupe oriental. Ces textes sont en ouigour, en turc du Turkestan chinois et en djagatéen.

www.ingramcontent.com/pod-product-compliance
Ingram Content Group UK Ltd.
Pitfield, Milton Keynes, MK11 3LW, UK
UKHW020909140726
13695UKWH00006B/2411